# MICHAEL KÖHLMEIER

# IM LANDE UZ

Gedichte | Hanser

1. Auflage 2024

ISBN 978-3-446-28128-8
© 2024 Carl Hanser Verlag GmbH & Co. KG, München
Wir behalten uns auch eine Nutzung des Werks für Zwecke
des Text und Data Mining nach § 44b UrhG ausdrücklich vor.
Umschlag: Designbüro Lübbeke Naumann Thoben, Köln
Motiv: © Lorenz Köhlmeier
Satz im Verlag
Druck und Bindung: GGP Media GmbH, Pößneck
Printed in Germany

MIX
Papier | Fördert
gute Waldnutzung
FSC® C014496

FÜR MONIKA

I.

IM HAUS DES FEINDES,
IM HAUS DES FREUNDES

## IN KLAMMEN ZEITEN

Die Helden rüsten sich,
unser Haus zu zerstören,
und wir – –
schleifen die Argumente.

Wir werfen den Bumerang
und fahren mit dem Boot
und spielen – –
Oper des kleinen Mannes.

Deine Sorgen sind berechtigt,
dein Lachen ist schön.
Was soll ich nach größeren Worten suchen,
wenn die großen uns nicht schützen konnten.

## IM WESTEN GEWITTER

Ich habe die Unterlagen beisammen.
Ich rechne mit einem Urteil zu unseren Gunsten.
Unser Anwalt interessiert sich für Insekten,
das könnte uns schaden,
angenommen, die Gegenseite
wüsste davon. Vielleicht gelingt es einem von ihnen,
mit einer Sensation auf dem Gebiet
der Entomologie aufzuwarten.
Was dann?

Zieh dir dichtes Schuhwerk an!
Wir werden in den Regen kommen.
Am Ende werden wir dankbar sein,
dass wir nicht
auf den Wintermantel vergessen haben,
den gefütterten,
warm wie die Stube.

## WAS AN EINEM
## DRANHÄNGT

Warum habe ich keine Angst?
Alle Fakten legen Angst nahe.
Warum vertraue ich euch noch?

Die breiten Nachrichten hier,
dort die niederträchtigen und
die erwürgenden und wahren.

Was höhnt in mir und in euch?
Wer denn hat euch ausgelacht
und kleingemacht, bitte, wer?

So viele falsche Augen, Gott!
So viel weiße Haut und Stirn!
Ja, so langsam klopft das Herz.

## SO ERZÄHLTE ER SPÄTER

Der finstere Herr mit den finsteren Augen
und der schmalen Krawatte
erhebt sich von seinem Sitz,
und niemand wettet mehr aufs Überleben.
Die weiter vorne lächeln,
sie haben die neuesten Studien nicht gelesen.

Die Frau mit dem geschienten Bein –
wie kann sie glauben,
es rentiere sich noch?

Die Weinberge draußen vor dem Zugfenster –
was wird aus ihnen werden?

Gibt es einen Philosophen,
der jetzt zu gebrauchen wäre?

Und trotzdem,
so erzählte er später,
habe er Lust gehabt auf Blätterteig,
gefüllt mit roten Johannisbeeren.

## RESÜMEE

Dass ich unbedingt teilnehmen musste,
war ein Vorschlag meines Gewissens.

Weil wir so viele waren, konnten wir uns
auf die Schönheit nicht einigen.

Dies zu meiner Entlastung: Ich trauere nach.
Die Gerüche konnten sich nicht entfalten.

Die Farbe Rot blieb am Blut haften.
Im weiten Sternenhimmel suchte ich
nach wenigstens einer Mär.

Darum glaubten wir den Lügen so gern.
Wenigstens ins Fegefeuer haben wir es geschafft.

## DIE SPINNE IM GLAS

Die Leichen sind Dinge – keine Angst,
keine Reue vor ihnen!
Sie haben mit unseren Toten nichts gemein.
Sie können nicht singen.
Kein Dank ist von ihnen zu erwarten.

Dein Haar, meine Tochter,
war auch schon schwarz gefärbt.
Wir haben gesungen, und wir haben gesungen
und waren uns einig im Rhythmus.
Und dann hast du die Spinne gesehen.

Ich habe das Weinglas über sie gestürzt
und ein Blatt Papier unter das Glas geschoben.
Hab doch keine Angst.
Hab keine Angst.

## DU, DU, DU

Ich zeige auf *dich*, dann auf *dich*, zuletzt auf *dich*.
Merkt euch eure Nummern.
Ich verliere den Verstand, in den Armen prickelt es,
meine Botschaft lässt sich in drei Sätzen …

*Du, du, du* – ihr habt alles zurückgelassen.
Denkt nicht an die Söhne und die Töchter,
erinnert euch nicht an eure Frauen!
Schaut weiter zurück, als ein Leben reicht!

Ein Buntspecht dort, seht ihr? Er steht für Glück.
Und aus der Zeit vor eurem Leben dringt Musik,
Caruso ist's, der kleine Mann mit dem festen Bauch.
So ist doch noch ein schöner Abend daraus geworden.

## SKIZZE EINES MEISTERS

Er baut die Kathedrale.
Er baut einen Turm für Kinder.

Er baut heilige Mittel
für heilige Zwecke.

Er arbeitet zusammen
mit Zartheit und Zuwendung im Sturm.

Er arbeitet zusammen
mit den Trainern des Zweifels und der Zuversicht.

Er zwingt die Träumenden unter sich.
Er zweigt für die Trauernden ab.

Er baut mit der Reife des Geistes
und der Langsamkeit des Glaubens.

Er baut die alte Brücke
hinüber über Jordan und Tiber.

## MARTINS LOVER

Die Sorgen der Nacht
werden übertroffen
von den Zumutungen des Tages,
das kann ich Ihnen sagen!

Zweieinhalb Stunden,
von 10:30 bis 13:00,
steht er vor der Tür
und will mit mir ins Bett.

Kein wirklicher Vorteil,
wenn ich es tue, rasch,
Nachteile, wenn nicht.
Wähle, mein Liebster!

## ICH MACHE ALLES

Anfang Juni kam Kundschaft.
Die erste seit der Eröffnung.
Eine Frau.
Eine lange Geschichte brachte sie mit.
Sie komme zu mir, weil sie gehört habe, ich mache alles.
Ob sie meine Homepage gelesen habe.
Habe sie nicht.
Ein Bekannter habe ihr meine Adresse gegeben.
Wahrscheinlich sei er im Netz
auf mich aufmerksam geworden.
Meine Homepage ist einfach.
Da steht:
ICH MACHE ALLES
Darunter die Adresse.
So klein, dass man sich bemühen muss.

## COMMUNITY

Wer wär nicht gern Wolf oder Ratte!
Du bist eine. Deine lächelnden Zähne
machen dich fremd dem Menschen.

Dein heller, zarter Bauch will täuschen.
Du unternimmst Wanderungen durch die Stadt.
Piratenratte, magst dich schminken, ich erkenn dich doch!

Das Horn auf deiner Stirn täuscht mich nicht.
Du kannst dich nicht damit herausreden,
du seist ein Kind Kains wie wir alle.

Wir alle leben von den grünen Dollars,
die von dem Betrug der einen und der anderen
übrig blieben – –

## MENSCHENFLEISCH

Die Priester fragen nach der Heimat
und werden an die Bücher verwiesen.
Der neue Mercedes zeigt endlich wieder Zähne.

»Mein Liebling, sag, wohin wollen wir fahren?
Hinaus über die Weinstraße?«

Mann und Frau sitzen und essen
und wiederkäuen und verdauen
und ekeln sich voreinander
und bellen einander an
und lernen Verkündigungen auswendig
und geben sie als Visionen weiter
und behaupten, einen Gott zu kennen, wenigstens einen,
und grüßen unbekannterweise Gattinnen
und vergessen das große Einmaleins
und genieren sich vor niemandem.

Denn der Tod ist nah.
Der Tod ist nahe dem,
der alles zu einem guten Ende gebracht hat.

## ZEREMONIE

Woran, bitte sagt mir, laben wir uns?
Wenn Brot unter unseren Armen wüchse,
wenn unsere Säfte sich selbst reinigen würden
zu Quellen. Was noch benötigt heute Mut?

Der Kanzler flüstert: Ich wollte es nicht tun!
Den Sinn des Lebens haben wir so lange
durch das Dorf getrieben, diese blutige Sau.
Der Minister verkündigt das Ende der Not.

Woran laben wir uns? Wenn wir würdig
Steine fressen könnten, wenn wir uns nicht
zu schämen bräuchten vor dem offenen
Sternenhimmel – so weit unten!

## DER ÜBERFALL

Die Ziege hat einen gütigen Kopf.
Sie möchte gut sein und uns nützen.

Da hebt der Bürger einer fernen Stadt
sein Schießgewehr und schießt.

Die Haut unter dem Ärmel ist tätowiert.
Das Ende eines Drachenschwanzes vielleicht.

Ein Tier, das vom Arm aus
Kopf und Hand kontrolliert.

## IM HAUS DES FEINDES

Der Feind kommt über das Feld.
An der Pappelallee steht sein Haus.
Im Kessel brennt sein Feuer.

Seine Frau hat allen Fluch
in die Glut gestreut,
der dampft wie Weihrauch.

Der Mann sagt: »Koch mir Nieren in heller Soße!
Ich habe deinen Namen sagen hören
Aus dem Mund meiner Feinde.«

»Viele heißen wie ich«, sagt die Frau.
Sein Mantel riecht fremd.
Seine Sohlen riechen fremd.

## IM HAUS DES FREUNDES

Borg mir deine Schuhe,
sie werden mich nur wenig drücken.
Und borg mir deinen Mantel,
man wird mich für einen guten Menschen halten.

Ich habe vergessen,
den Frühstückstisch abzuräumen.
Und ich habe vergessen,
deine Haustür abzusperren.

Du lebst in friedlichen Zeiten,
was spielt da die Gegend für eine Rolle.
Mir fiel auf, dass du öfter als früher
deine Hände wäschst.

Deine Gier ist geringer geworden,
du gibst besser Obacht auf dich.
Gestern fiel mir ein Handschuh vor die Füße.
Wer den wohl verloren hat?

Einst kam ein Handschuh vom Himmel
geflogen, der hielt die Dornenkrone
und trug sie hinter dem Herrscher her.
Nun leben wir in friedlichen Zeiten.

## BESUCH IM NOVEMBER

Ein schwarzer Mann war der Bettler.
Ich habe dem Hund durch das Fenster
meine Befehle gegeben.

Der Mann ging ruhig
auf das Gatter zu – ruhigen Schrittes,
wie es früher einmal hieß.

Als sähe er und hörte er
die Dogge nicht. Ach!
All die trägen Erkenntnisse!

## FAST LETZTE EINSICHTEN

Diese weiße Scham,
als steckte der Mann im Eierbecher!
Keine Heldentat
kann ihn lossprechen.

In der Politik riecht es nach nichts mehr.
Auch die großen Gedichte meinen
jemand anderen, uns nicht mehr.
In Film und Fernsehen herrscht Schäbigkeit.
Hätt' ich nur, denke sich einer, diese Schäbigkeit.

Sieht man mir, denkt einer, das Weiße an?
Mein kahler weißer Kopf, verrät er mich?
Was mich einsam macht, macht nur mich einsam.
Was nur du besitzt, dafür musst nur du dich schämen.

## KLAGELIED

Wer kein Gesicht hat,
soll mir nicht verbieten!

Haare auf den Armen wie Esau,
blind wie Homer,
eine zittrige Handschrift wie Shakespeare –
so hätten wir sein sollen!

Wer kein Gesicht hat,
beansprucht Macht.

Im heißen Sommer will ich
im Garten sitzen im Schatten,
unter dem Kirschbaum,
die Katze schleicht um mein Schienbein.

Warum nur habe ich, als noch Zeit war,
auf all das so wenig geachtet?

Die harten Pflanzen,
die zwischen den Geleisen wuchsen,
ich kannte sie, viele kannte ich nicht.
Wo ist meine Ruhe hin?

War mir nicht versprochen worden,
mein Herz werde nicht alt?
Was kein Gesicht hat,
misst nun meine Zeit.

## GEBT OBACHT!

Gebt Obacht, Kumpane, die Nacht ist ein Feld!
Viel Zeit bleibt dem Feind, sich zu ducken.

Am Morgen finden wir die Knochen.
Der Cowboy, der Prediger – hin sind sie, hin.

Die Witwen und die Schwestern
teilen sich die Habe.

Man tritt an mich heran mit der Frage,
ob ich die Opposition übernehmen wolle.

Für den Schutz meiner Familie sei gesorgt.
Noch als wir uns sicher fühlten, war bereits Krieg.

## DIE NOTNAGELPHILOSOPHIE

Dass der verlängerte Arm des Todes
aus der Zukunft
herunterreicht bis zu mir –
unbehaart oder haarlos, oder wie man es nennen will,
wächsern
oder
steinern?
Wahrscheinlich kühl? – Wenn man es nur wüsste ...

(Nicht, dass man sich dann darauf vorbereiten könnte. Das wahr-
scheinlich nicht. Man wüsste nicht wann, aber man wüsste,
wenn es so weit ist. Man wüsste, dass es Zeit ist, den Blick zu
heben von den ersten grünen Blättchen am Rosenbusch, schon
im Februar. Das Sehen wäre damit zu Ende.)

## DIE SORGE

In der Nacht sucht die Sorge
Deckung in der hohlen Hand.
Am Morgen verschanzt sie sich in der Achselhöhle.
Nach dem Frühstück nimmt sie Posten ein
hinter dem Gestade der Zähne.
Von dort sendet sie ihre Depeschen aus.
Den Witterungsumschwüngen trägt sie ebenso Rechnung
wie den Nachrichten zur vollen Stunde.

Mir wurde von einem Mann berichtet,
dessen Kopf zitterte, seit ihm
der Tod seines Sohnes
im Feld gemeldet worden war.

Der Falke zwischen den Geleisen
macht sich über die Taube her.
Er hackt ihr den Hals auf, rosarot ist das letzte Leben.
Der Bürger am Bahnsteig steht bereit,
einen Stein in jeder Faust,
jeder Stein so groß wie seine Faust.

Auf dem Heimweg
an den Baggerlöchern entlang
sah ich zwei Eichelhäher,
an den blauen Federn in ihren Flügeln
erkannte ich die Offiziere.
Sie töten den Nachwuchs anderer,
das gälte in unseren Kreisen als feige.

Am Abend gönnt sich die Sorge
einen Blick über den Fluss,
ehe sie sich zurück in die hohle Hand husten lässt.

## AUSSICHTEN

Von Stunde zu Stunde
wird die Liste der Sorgen
auf den neuesten Stand gebracht.

Bei starkem Westwind schneit es.
Am Sonntag reißt es auf.
Am Montag bricht der Föhn zusammen.

Am Ende des Lebens
hofft einer nur noch
auf ein bisschen Wetter.

## DIE STILLE

Gleich ist Mitternacht, warte nicht länger auf den Anruf! Siehe
die unbewegten Gesichter der Afrikaner, wenn ihresgleichen
gequält werden. In ihren Augen sind wir alle Belgier.

Gleich ist Mitternacht, du stehst vergebens am Fenster. Bedenke,
die Tiere, die du jetzt noch hören kannst, sind gefährlich. Sie
sehen dich, du siehst sie nicht. In ihren Augen sind wir Beute.

Gleich ist Mitternacht, checke deine Mails, du wirst einsehen,
man wollte dich nicht oder man hat dich vergessen. Such dir
aus, was besser ist. Wer jetzt an dich denkt, der träumt bereits.

## AUF OSTERN HIN

Die Blätter der Birke
im Herbst
vom Wind in die Ecke gewirbelt –
sie liefern Millimeter Humus in den kommenden Jahren.

»An diesem Tag«, sagt der Mann
zur Frau, »bist du in mein Leben getreten.«
Er meint damit, man dürfe
das Heranwachsen
neuer Birken
im Hof
getrost abwarten.

Danke, Gott,
denkt die Frau,
dafür,
wie schön du die Welt und das Leben gemacht hast,
die Sterne und den rollenden Donner im Sommer.

## DER FLUCH

Er habe im Zug
von Mannheim nach Zürich
einen Vater von zwei Kindern,
einem Buben und einem Mädchen, gefragt,
ob er bitte auf seine Reisetasche
aufpassen würde, er wolle im Speisewagen
einen Kaffee trinken, da habe der Vater
der beiden Kinder gesagt, gern,
es koste allerdings 50 Euro, und habe gleich
nachgerufen, das sei ein Scherz, er aber,
der Mann, der die Geschichte erzählte,
habe in den Augen des Vaters der beiden Kinder
gelesen, dass es eben doch kein Scherz war,
der Widerruf aber schon.

## PLÖTZLICHE ERKENNTNIS

Wie süß, in der Stimme eines geliebten
Menschen Reue zu hören!
Wie klamm das Gewissen, weil ich in der Stimme
meines geliebten Menschen
Reue hören wollte!
Und schal das Verzeihen.

Ich hätte gern wieder ein Auto,
einen prächtigen Amerikaner,
auf dem Rücksitz eine Fender Stratocaster
aus den fünfziger Jahren.
So würde ich in die Stadt hineinfahren.
Und wüsste über Gewissheit nichts zu sagen
und wäre jung und ohne Verzeihen.

## WAS IST GENUG?

Die Kerzen auf dem Grab unserer Tochter – sind sie würdig
genug?
Die Gedanken an ihr Gesicht, wenn sie Sorgen hatte – sind sie
sorgenvoll genug?
Die Hoffnung, sie wiederzusehen – ist sie ehrlich genug?
Das schlechte Gewissen, ihr meine Liebe vielleicht gerade dann,
wenn sie dringend gewesen wäre, zu wenig gezeigt zu haben –
ist es ehrlich genug?
Ich, seit ihrem Tod – bin ich zu viel lebendig?
Die Witze, wie der über die Giraffe, die den Saurier fragt, ob ihn
Noah auch angerufen hat – habe ich zu laut gelacht?

Die Sterne, die Kinder, der Südwind,
eine kalte Coca-Cola,
ein khakifarbenes Abenteurerhemd mit zwei Brusttaschen und
einer Ärmeltasche ...

... das alles könnte Erfüllung genug sein bei allem, was wir uns
noch wünschen dürfen.

## DIE KRONE

Keine Kondensstreifen am Himmel,
so lautet die Mitteilung.
Angeblich wird achtzig Prozent weniger getankt.
Der dort hustet, öffentlich – in Indien
hätte er mit Stockschlägen zu rechnen.

Die Katze weiß von nichts – oder doch?
Ihr Blick ist ausdruckslos – ist er?
Bisher dachte ich, er sei.
Nun sehe ich Rache.

Wehe,
sie verbündet sich mit den Dingen!
Dann wären wir im Märchen.
Nun ist es erst ein Albtraum.

## NEUE FREIHEIT

Ein kleines Hotel auf Sardinien –
die Nachbarn
meiden den Kontakt zu uns.

Es geht nur um dich.
Es geht nicht nur um dich.
Zieh kein weißes T-Shirt an,
bei deinem Bauch, und wenn,
bitte, nicht dieses.

Ich brauche dich.
Ich kann das nicht allein.
Vielleicht gibt es ja Tabletten,
damit man das alles abschalten kann.

Er leidet unter dem, was er verschweigt.
Was leidet der Mann, der erschossen hat?

Diese verlorenen Jahre –
alles, was dann geschieht,
ist Folge des Alten.

## SÄTZE OHNE RUFZEICHEN

Langsame Stunden
aus Purpur
hinter geschlossenen Lidern – was
rät der Meister dem Schüler:
Denk Sätze ohne Rufzeichen!

## GUTEN TAG WÜNSCH ICH

(Keine Konkurrenz für die über dem Nebel schwebenden Berge,
für die Hochspannungsmasten gegen den blauen Himmel an
diesem Mittwoch)
Sehr leise,
damit mein Atem
nicht
die Flamme löscht.

## GEBET IM WINTER

Schnee füllt Löcher.
Willst du dich begeistern?
Dann komm!
Am Maschendrahtzaun lehnen zwei Schaufeln,
Erdschaufel, Schneeschaufel.

Herr, mein Gott im Himmel,
gib mir Begeisterung,
die bis in den Frühling hält!
Der Frühling sorgt dann weiter für mich.

Schnee füllt Löcher.
Willst du dich hingeben?
Dann komm!
Der Blick über die Eisenbrücke
reicht bis in die Steppen des weiten Amerika.

Herr, mein Gott im Himmel,
gib mir eine Schaufel voll Hingabe,
die bis in den Sommer reicht,
die hellen Morgen sorgen dann für mich.

## INSCHRIFT ÜBER
## DEM AUSRADIERTEN

Wer die Wahrheit
bewundert,
hilft ihr beim Sterben.

Die Felder, über die ich
noch nicht gegangen bin,
bewahren meine Wehmut.

Die Versprechen
mit dem langen Atem
wandeln sich zu Anekdoten.

Jeden Abend rufen wir die alten
Protagonisten auf. Die kommen
in langen Schals daher und spitzen Schuhen.

JAHRESVORAUSBLICK

Kein vornehmes Gelächter
kommt mir im Winter ins Haus!
Seid gnädige Sauhunde!
Schämt euch nicht!
Die alte Frage bleibt: Warum nicht auch die Tiere?

Der Witz erlöst und löst
und geht auf Kosten.
Ich wünsche weder Rechnung noch Rührung.
Mein Mitleid bleibt kalt.
Ich wünsche kein Aufatmen
am Ende der Katastrophe.

Der Föhn im Februar
bringt Erquickung und genug davon.
Im Mai leiste ich mir Erbarmen
und besuche den Gottesdienst.

Laub schwimmt wieder im Sommer
in den Bächen
an den Steinen vorbei.

## SISYPHOS

Der Blick des Mörders,
der nichts weiß von unserem Himalaya,
den wir Tag für Tag besteigen und,
schwerer als die steinerne Kugel,
unsere Moral hinaufschieben
und dann oben vergessen, sie festzukleben,
oder es nicht vergessen,
damit sie wieder und wieder falle und rolle,
weil der Weg hinab so süß ist,
voll mit Gedanken und Konjunktiven,
erst zwischen Felsen hindurch und Eis,
dann durch den Urwald –
allein die verschiedenen Vogelstimmen.

## DIE HÜHNER

Die zwei schwarzen Hühner und das eine kleine weiße
und die anderen braun gesprenkelten,
sie leben im umzäunten Gras,
werden besprochen
von der Frau in den roten Jeans
und der rosa gesprenkelten Bluse,
werden beschenkt von oben aus den Wolken
und von unten aus der Würmer spendenden Erde.

## WIR AUFRECHT GEHENDEN

Was wir uns unter den Tieren vorstellen.
Wie sie sein sollen, die Amseln, zwei, drei, vier.
Wie die Zigeuner sein sollen.
Wie die Stachelbeeren sein sollen.
Wie unsere Nachfahren sein sollen, nackt oder in Uniform,
    ungewaschen.
Wie der Fels im Sommerregen sein soll.
Wie die Hereros sein sollen, nachdem sie von der Wüstensonne
    genesen sind.
Der Wolf, der auf der Autobahnbrücke zu Tode gefahren wurde –
    wie er ins Himmelreich einging.
Meine Frau ist weit von mir – wie ich mir vorstelle, dass wir den
    Tieren beim Leben zusehen unter der Sonne und in der Nacht.
Wie wir sein sollen, wir aufrecht Gehenden.

## DIE VERLASSENEN IDEEN

Einmal im Leben
einen traurigen Affen gesehen habe ich,
und im Ried kreisten einmal drei Milane nahe über mir,
sie hielten mich für ein Raubtier,
ich lasse ihnen Stücke von meiner Beute.

In der alten mächtigen Nacht zog ich los,
um mir Waffen zu besorgen.
Euer Lied war immer auch meines gewesen.

## NOSTALGIE

Statt einer Mauer ein Zaun, sagt er.
Einen Tag lang alles richtig machen, sagt er.
Er sieht den Frauen nach,
die sich nach seinen Wünschen modellieren.
Wenn ich wählen könnte,
sagt er,
würde ich lieber
einer alten Bekanntschaft begegnen.

# EIN INTERESSANTER ABEND

Befehlen lassen wir uns nicht.
In großen Wellen kommen die Sorgen über uns.
Wir warten.

Das Zerbrechliche bewahrt uns vor Angriffen.
Die Affen können es inzwischen besser als wir.
Wir warten.

Es gibt die Telefonmasten nicht mehr.
Es gibt kein Summen, das wir entziffern könnten.
Wir warten.

Die Seuche hat uns jede Berechnung weggenommen.
Wir verabreden uns zur selben Zeit an zwei Orten
und warten.

Das Lässige an ihr, ich sag's dir,
das interessiert mich.
Wie sie ihre Jetons wirft
und trifft
oder nicht trifft.

Wir warten.
Und warten.

## DREI KOFFER

Alles, was ich besitze, sagt er
und beugt sich weit zurück,
um in den Himmel zu sehen,
die Hände auf den Hinterbacken,
die Ellbogen abgespreizt, sind drei Koffer.
Nicht jeder hat das.
Meine Sachen sind gerecht
darin verteilt.

## MEIN KOFFER

Wenn ich ein Kater wäre,
der Geist und Verstand besäße und scharfe Krallen,
was würde ich vermissen?
Nichts.
So aber vermisse ich mein Messer.
Ich habe mir damit meine Krallen gestutzt,
mit denen ich Erde aufgewühlt und aufgehäuft habe,
um meinen Kopf darauf zu betten,
der müde und schwer ist immerzu.
Ich rauche noch zwei Zigaretten,
Dann leg ich mich und gebe Ruh.
Dann leg ich mich und gebe Ruh
und klappe auch mein Messer zu
und denke nach,
was ich gestern geträumt habe
und ob es mir gefallen hat,
und wenn ja, ob ich eine Fortsetzung anhängen könnte.

Gestern, glaub ich,
da träumte mir von Lissabon,
dort war ich nie gewesen,
nur in Paris, dort war ich schon,
ich hab jedoch gelesen,
dass in Lissabon die Kater auf den Straßen stolzieren,
als hätten sie Matura gemacht
und Geografie studiert
und wären mit dem Schiff gefahren
übers weite, weite Meer
bis zum Horizont –
ja, von dort, da komm ich her,
dort habe ich vor langer Zeit gewohnt.

## ÜBER UNS DER MILAN

Im Herbst beginnen die Geschichten,
die langen Geschichten,
die erst in zehn Jahren erzählt werden.

Und alles klebt hinterher,
deine Hände bis über die Gelenke
und alles, was du angreifst.

Marianne will nicht mehr erzählen, nie mehr.
Der Milan kreist über ihr,
sie lauscht seinen hellen Pfiffen.

## HOFFNUNG DES LEBENS

Nicht die kalte Luft beißt,
auch nicht machen Stimmen mir Vorwürfe.
Ich wehre mich gegen den Stolz,
der mir Ideen eingibt.
Die Rufmörder zwängen sich
in unsere Reihen.

Hab acht, Rosalinde, auf dein Fell!
Du bist unterwegs,
begleitest deine eigene Begehrlichkeit.
Sprich mit mir, Rosalinde,
Shakespeares Liebling!

Das weite Wasser zwischen uns,
die kalte Luft,
die Stimmen – und alles sonst noch,
was uns trennt.

II.

IM LANDE UZ –
KANTATE ZU DEN
WÜSTEN JAHREN

1

Haben nicht die Kühnsten unserer Generation sich nach der
    Katastrophe gesehnt, die ihnen die Nadel in der Beuge, die
    Flasche am Hals, die Selbstmordgedanken in der Freizeit, die
    heimlichen Hochzeiten im späten Herbst, die Karrieren ins
    Graue, die Blamagen vor den diversen Vermittlungsinstituten
    erspart hätte?
Und die Klügsten, haben sie nicht gehofft, ihre Genossen retten zu
    dürfen am Tag der Rache?
Und was ist mit den Frommen, glaubten sie nicht, einen Unter-
    gang verdient zu haben, wenigstens einen?
Und was ist mit den Einsamen, die längst den Eintritt bezahlt
    haben und bis heute nicht auf ihre Kosten gekommen sind?
Und was ist mit den Musikanten, die von den Hiftenhecken
    sangen, die in ihrer Kindheit den Schulweg säumten, wo der
    Duft der Backöfen und der Brauerei den Gestank vom Kanal
    übertrumpfte?
Und was ist mit dem Doorman, der in den Nächten Ansehen
    genoss und sich bestechen ließ, weil er Gnade verteilen wollte,
    denn es war eine Gnade, ihn bestechen zu dürfen?
Und vergiss nicht den Reisenden durch die noblen Länder im
    Norden, wo noch Wölfe lebten, die sich nicht in die Seele
    schauen ließen durch den blauen Spiegel ihrer Augen!
Und vergiss nicht den Soldaten, der von einer Granate getroffen
    wurde, während er sich im Schützengraben rasierte, weil er
    sauber sein wollte, wenn er ans Himmelstor klopfte, wo ihn,
    wie er hoffte, seine Mutter begrüße.
Und vergiss nicht die Diebe, die glücklichen und die unglück-
    lichen, die gerechten und die ungerechten, die prahlerischen
    und die bescheidenen, die mutigen und die feigen, die
    Familienväter unter ihnen und die Bräutigame, die doch

immer nichts anderes wollten als den Ihren die Welt vor die Füße legen!

Und vergiss nicht die Gebete vor Schulbeginn für die Menschen in Ungarn, die ihre Gewehre einer auf den anderen richteten und die einer dem anderen die Hosen herunterzogen, um zu sehen, ob der Schwanz beschnitten ist!

Und was ist mit den ewig traurigen ewig gleichen Tagen und den ewig beschützten Nächten in den hohen Betten über den abgedrehten Gashähnen?

Und vergiss nicht die vielen kleinen Namen, die auf den vielen kleinen Grabkreuzen stehen könnten, wenn nicht so viel große Vernunft geherrscht hätte!

Und was ist mit den Hysterikern, von denen uns Allen Ginsberg erzählt, die dem Himmel ihre Gehirne entblößten unter der Hochbahn und die Engel Mohammeds tanzen sahen auf den Dächern der Mietshäuser?

Und was ist mit den jungen Frauen, die sich bekümmert im Spiegel betrachteten, weil auf der Strecke zwischen ihren Augen und ihren Lippen erst so wenig Leben lag, zu wenig Wüste, zu wenig unbesiegte Verzweiflung?

Und was ist mit den jungen Frauen, die noch am frühen Abend so glücklich gewesen waren, wie sie nur aus Büchern und Filmen erfahren hatten, dass Frauen glücklich sein können, und bereits um Mitternacht enttäuscht wurden und sich eine Katastrophe wünschten, die den Schmerz wegspüle wie der Tsunami die Feriensiedlung in der Südsee?

Und was ist mit dem Flieder, der aus toter Erde trieb?

2

Der Weizen im Feld, rechts der Roggen, es ließ sich aus ihnen
keine glückliche Kindheit mehr backen.
Wer erwachsen wurde, lebte im Licht errungener Wahrheit und
nicht mehr in den gottväterlichen Träumen zusammen mit
einer Horde Gestrandeter.
Mangel an Schönheit machte mich unglücklich und böse.
Mangel an Schönheit machte mich zynisch und bleich.
Mangel an Schönheit machte, dass ich mich langweilte und zu den
Sternen aufsah, ohne zu staunen.
Mangel an Schönheit machte mich verlegen vor meinem eigenen
Leben.
Mangel an Schönheit machte mich müde und lebensmüde.
Mangel an Schönheit machte mich neidisch und missgünstig.
Mangel an Schönheit machte mich feige.
Mangel an Schönheit verheerte die Welt, und ich frohlockte
darüber.
Mangel an Schönheit machte, dass ich mich duckte.
Mangel an Schönheit zwang mich zu der Meinung, alles müsse
einen Ertrag abwerfen.
Mangel an Schönheit brachte mir Geld ein.
Mangel an Schönheit machte mich eifersüchtig und rachsüchtig.
Eine Muschel aus Gold, Rot und Gold.


3

Es hieß: Den Neidischen tröste nicht, sondern bringe ihn zur
Verzweiflung!
Es hieß: Den Befreier lass reumütig sterben, denn er wollte sich
über die Demut erheben!

Es hieß: Die Wörter, die ungenutzt in den Wörterbüchern schlafen – wecke sie nicht, denn sie haben ihre Gelegenheit versäumt!

Es hieß: Den Revolutionär hindere nicht, wenn er am Ende seines Lebens vor seinen Möbeln niederknien und sie um Verzeihung bitten möchte!

Es hieß: Der letzte Ausweg des Demokraten ist der Terror – versuche nicht, ihn zu überzeugen!

Es hieß: Nicht alles verrät uns, aber es gibt nichts, was uns nicht verraten könnte – versuche nicht, das Gegenteil zu beweisen!

Es hieß: Wenn du hörst, wie das Tor vernagelt wird, suche nicht nach dem Schlüssel!

Es hieß: Auch wo kein Wasser ist, sondern nur Fels, ist das Mysterium der erlösenden Wandlung nicht zu erwarten, denn dieses Ding gibt es nicht! Auch die Flagge von blutigem Fleisch über der Seide der Meere und den Blumen des Nordpols gibt es nicht. Noch im prächtigsten abessinischen Abenteuer unter dem Himmel der Wüste denkst du ans Geld und stellst kleinliche Rechnungen auf.

Es hieß: Den Armen auf der Straße lass arm sein auf der Straße, auf dass er als abschreckendes Beispiel diene!

Es hieß: Wenn Kinder von Ratten angefressen werden, dann wende das Gesicht nicht ab, denn es künden sich spannende Zeiten an!

Es hieß: Die sich mit Zigaretten Löcher in die Arme brennen und schluchzend zusammenbrechen und dich anflehen, ihre Sucht zu stillen – die spreche frei von aller Schuld!

4

Wer immer mich auch hört: Schenk uns die goldene Ausnahme,
  dränge sie zur Vollendung und jage sie in unsere Dienstage,
  Mittwoche, Donnerstage wie die letzte Süße in den Wein!
Wer immer mich auch hört: Lass uns reiten auf dem rollenden
  Donner!


5

Die Männer mit den Bäuchen voll Depressionen – wie lange
  werden sie noch zu halten sein?
Die Hunde ohne Zwinger, Ziel und Dressur – wie lange werden
  sie noch zu halten sein?
Die City-Rucksäcke in den U-Bahnen – was ist in ihnen versteckt,
  unter den Salamibroten, den Laptops, den verschwitzten
  T-Shirts, den Tennisschuhen, den Baseballkappen?
Die schwarzen Reiter am Horizont – was halten sie in ihren
  Händen als Schattenriss gegen die untergehende Sonne,
  Fahne, Kalaschnikow, Speer?
Die Schauspielerinnen, die den Text ihrer Steuererklärung
  auswendig lernen – ob darin verschlüsselt eine Anleitung zur
  Herstellung einer Rucksackbombe zu finden sei?
Die Politiker, die grinsen und heimlich hoffen, man komme ihnen
  drauf, und heimlich Fernweh haben nach dem Scheiter-
  haufen – wird ihr Leben im letzten Akt erhoben werden zur
  Tragödie?
Der bange blanke Blick aus dem Schatten hinauf zu den Bergen,
  zu den Schwalben, zu den Spitzen der Hochspannungs-
  masten – könnte es unsere letzte Aufgabe sein, darin Schön-
  heit zu finden?

Der bange blanke Blick auf die vielen Farben, die wir Grün
nennen, die unserem Auge so guttun – könnte es unsere letzte
Aufgabe sein, darin Schönheit zu suchen?

Der bange blanke Blick auf die Gesamtzahl der aus politischen,
rassischen, religiösen Gründen Getöteten des letzten Jahr-
hunderts – könnte es unsere Aufgabe sein, darin Schönheit zu
suchen, wenn sie sonst nirgends zu finden wäre?

Die Verletzten, die Schwerverletzten, die, für die man nichts mehr
tun kann, die, die sich gegen das Sterben nicht mehr wehren –
sollten wir sie nicht bitten, uns Botschaften zu schicken, wenn
sie drüben angekommen sind?

Das Füchslein, das im Park der Villa am Sandwerder am Großen
Wannsee in Berlin gesehen wurde, während drinnen die Gäste
dem Dichter zuhörten, der aus seinem Roman las – hätte man
es nicht einladen sollen, ins Warme hereinzukommen, zwei
aufgeschlagene Eier zu schlecken und eine Schale Milch und
uns aus seinem Leben zu berichten, von seinen Katastrophen,
seinen Morden, seinem Hunger, der Aufzucht seiner Jungen,
der Liebe zu seiner Fähe, dem Abschuss seines Vaters, der
Vergiftung seiner Mutter, dem Dorn in seiner rechten
vorderen Pfote.


6


Diese Wut auf die kleinen Direktoren, weil sie keine Tyrannen
waren, auf die man getrost hätte anlegen dürfen – könnte
aus der Denunziation eine halbwegs passable Katastrophe
werden?

Diese Wut auf die Schlanken und Schnellen, die ihr Leben nach
der heiligen Heiterkeit einrichten – könnte aus Heimtücke
eine halbwegs passable Katastrophe werden?

Diese Wut auf die glorreichen Untergänge der Vergangenheit, aus
denen ewige Helden hervorgingen!
Die Wut auf die Flöhe, weil sie die Lieblinge des Satans sind!
Die Wut auf das verlorene Messer, weil es uns nicht mehr dienen
kann, dem Feind den Bauch aufzuschlitzen!
O Gott, gib mir ein Stück Fleisch und die Erlaubnis, es zu
martern!
O Gott, lass mich einer Katastrophe würdig sein, auf dass du
eingehst unter mein Dach und meine Seele gesund wird!


7


Wer bereicherte sich an unserer Sorglosigkeit?
Wer vergab uns unser Glück?
Wer verwehrte uns die Katastrophe?
Wer neidete uns die Verzweiflung?
Wer stellte unsere Hoffnungslosigkeit in Frage?


8


In den Baumärkten sogar steckten Geheimnisse des Glaubens.
Die Hot-Dog-Buden sogar dünsteten geheime Offenbarungen aus.
Kommt jetzt die Zeit, da wir den Pass vorweisen müssen beim
Betreten einer Bar, beim Betreten des Schlafzimmers der
Geliebten, beim Betreten des Boxclubs, beim Betreten eines
Gotteshauses?
Kommt jetzt die Zeit, da wir wieder lachen, husten, niesen,
kotzen, schlecken, schmusen, brüllen, singen, schnäuzen,
räuspern, furzen, lutschen, prusten dürfen, ohne einen Eintrag
zu kassieren?

Könnten sich doch die Berge von den Stränden losreißen und
marschierten auf die Städte zu, von ihren Sohlen bröckelten
die Wälder!
Jetzt ist es zu spät, um an den Engelsmetaphern zu feilen.
Jetzt ist es zu spät, um mit penetrantem Beten zu beginnen.
Jetzt ist es zu spät, um mit der Tierliebe zu beginnen, denn
Heuchler sind wir geworden und wollten doch gute Menschen
sein.

9

Nagelt den toten Raben über die Tür zum Stall!
Stopft die Eule aus zur Warnung!
Lasst die elektrischen Hunde los, aber überprüft erst ihre
Batterien!
Holt die Sensen vom Heuboden, die Baseballschläger aus den
Kinderzimmern, die alte Walter PP aus der Seemannskiste, die
Seidenschnüre reißt von den Vorhängen, holt das Unkraut-Ex
und den Zucker!

10

Unten im Hof spielte Sankt Augustin auf dem Kommoden-Piano,
das für den Sperrmüll abgestellt worden war. Ihr habt sein
Lied für das Geklimper eines Herumstreuners gehalten.
Er sang gereimte Rezepte gegen Pest und Cholera, der alte Sünder.
Er verschickte Postkarten von der Hinrichtung, der alte Sünder.
Er verteilte Masken mit lauter gleichen harmlosen Gesichtern
unter den Bettlern und Huren, den Dieben und Spielern, der
alte Sünder.

Er erzählte uns die Naturgeschichte der Viren und Bakterien und
lehrte uns das Mitleid.

Und ihr habt ihn für einen Herumstreuner gehalten, der um eine
Suppe mit Einlage betteln und sich aufwärmen will und an-
geben will mit dem, was er vor zwanzig Jahren gelernt hat, als
wäre er immer noch der junge begehrte ellenlange Kerl von
damals, dem die Mädchen und die Mütter nachgepfiffen
haben!


11

Ich saß auf dem Berg,
Ich wurde getauft für die Katastrophe.
Gib uns nicht frei für deine Rache! So betete ich.
Wer hat gemacht, dass wir wissen, was wir tun?
Wir hätten das Gleiche getan, ohne es zu wissen, und wären
unschuldig geblieben.
So betete ich.


12

Von nun an trösteten wir uns mit Geschichten wie der von dem
Mann, der im selben Augenblick, als die U-Bahn einfuhr und
er sein Buch zuklappte, sah, wie ein Kind auf die Geleise
rutschte, dem Kind nachsprang, es der Mutter noch zuwarf,
bevor er überrollt wurde ... – Das Glück kam ohne Meta-
physik aus.

Von nun an trösteten wir uns mit Geschichten wie der von den
drei Juden, die der Hölle entkommen waren und drei Jahre

lang den SS-Mann suchten, der ihren vierten zu Tode ge-
prügelt hatte, ihn schließlich fanden und ihn im Kofferraum in
die Alpen chauffierten, ihn dort zum Gletscher hinauftrieben
und in eine Spalte warfen, nachdem sie sein Gejammer ange-
hört hatten, er habe Frau und Kinder, die um ihn weinten, sie
aber wussten, er war allein auf der Welt, denn jedes Lebewesen
hatte ihn längst schon verlassen … – Die hohen Vokabeln
wurden billig wie die T-Shirts aus Bangladesch.

Von nun an bauten wir die Empörung gegen Gott und seine
Verbündeten, indem wir uns von der Frau erzählen ließen, die
dreimal an Krebs erkrankt war, Magenkrebs, Brustkrebs,
Lungenkrebs, sich immer wieder erholt hatte und am Ende
von einem Auto überfahren wurde, nachts auf dem Heimweg
von einer Geburtstagsfeier, bei der ihr ein Mann begegnet war,
von dem sie meinte, er könne ihr bis zum Ende guttun … –
Die Bäche rauschten nicht mehr wie früher.

Von nun an liebten wir die, die uns hassten, mehr als die, die uns
mehr liebten, als wir es uns wünschten … – Den Geigen
glaubten wir keinen Ton mehr.

Von nun an stiftete die Wahrheit in der Welt weniger Gutes als ihr
Schein Schlechtes … – Die Wünsche halfen nicht mehr wie
früher.

Von nun an war die Halbwahrheit gefährlicher als die glatte
Lüge … – Auch was wir noch nie gehört hatten, hörte sich an,
als ob wir es schon oft gehört hätten.

Von nun an ließ sich das Dasein nur noch mit den Begriffen der
Betriebswirtschaft erklären.

## 13

Ich träumte von dem Abdruck des berühmten Gesichtes des
berühmten Mannes auf dem berühmten blutigen Fetzen.

Von seinen dreckigen Armen träumte ich und den blutigen Zäh-
nen und hörte, wie der Mann zu mir sagte: »Gib mir Wasser!«

Und siehe, aus seinem Gesicht wand sich unser alter Adam wie
ein neugeborenes Kalb aus dem Leib der Kuh.

»He, mach jetzt keinen Fehler!«, keuchte er. »Gib dem Mann
Wasser! Und Schuhe dazu! Schau dir seine Füße an! Er kommt
nicht weit. Willst du, dass er blutet? Kannst du so viel Schuld
auf dich laden? Du hast doch Schuhe übrig, gib sie ihm!«

Er drehte an meinem Radio, eine Minute Nachrichten, dann war
die Welt wieder vorbei und gut.

»Ich habe keine Schuhe übrig«, sagte ich, »und hätte ich welche,
ich würde sie nicht hergeben.«

Der Heiland mit dem berühmten blutigen Gesicht stand auf der
Schwelle zu meinem Haus. »Dann wünsche ich dir einen
langen Weg«, sagte er und zeigte mir seine blutigen Zähne,
grinste und grüßte mit zwei Fingern an der Stirn und lupfte
sein Kreuz, »einen Weg, so lang wie meiner. Und Schuhe
wünsche ich dir. Wie ich mir Schuhe wünsche.«

Und war davon. Und wir waren allein.

»Schuhe«, kommentierte der alte Adam, noch über und über
feucht wie das neugeborene Kalb aus dem Bauch der Kuh,
»Schuhe, damit du nicht im Schlamm versinkst, denn bald
wird es regnen. Schau nach Westen! Hör den Donner!«

»Schuhe«, kicherte er, »damit du über Scherben gehen kannst,
denn bald kommst du in eine wüste Gegend.«

»Schuhe«, lachte er nun laut heraus, »am besten genagelte, damit
du dem armen Mann im Lande Uz in den Arsch treten
kannst, wie vor dir bereits Gott mit seinen Werkzeugen und

der Teufel mit seinen Maschinen ihm in den Arsch getreten
haben.«
»Schuhe«, schluchzte unser alter Adam, »gut gefütterte Schuhe,
damit du nicht blutest am Ende deines Weges und nicht
frierst.«


14


Wir sahen die Ruten schlagen im Sturm.
Wir sahen die ersten Sterne im Osten.
Keine Metapher hätte ausgereicht, den Regen zu beschreiben.
Wir ritten davon auf dem rollenden Donner.

III.

LANDKARTE
EINES VERBRECHENS

ALWIN

Alwin war
der jüngste Sohn
der letzten Familie,
deren Leben
darin bestand,
vor die Hunde zu gehen.
Drei
seiner Brüder
saßen
im Gefängnis,
da war er
erst dreizehn.

## DIE LIEBE

Die Neunmalklugen werden sagen:
Was halt so eine wie die unter Liebe versteht.
Die Neunmalklugen nämlich
trauen den Leuten aus unserer Gegend nicht zu,
dass sie wissen,
was Liebe ist,
und dass sie solche empfinden,
schon gar nicht,
und wenn,
dann käme,
was so genannt wird,
von unten.

## AMERIKA

Ein Grab mit ihren Namen gibt es nicht und gab es nie.
Die Buben wuchsen auf wie Zwillinge.
Sie schliefen im selben Bett.
Sie trugen die gleiche Kleidung.
Sie besuchten nur zwei Jahre lang die Schule.
Sie lernten ungefähr Lesen und Schreiben
und Rechnen bis zu den hundert hinauf.
Sie lernten, dass Amerika weit war und ein Land,
wohin immer alle wollen,
weil dort knapp unter dem Boden alles aus Gold sei
und man im Prinzip nur kratzen müsse,
schon sei man reich,
siehe der Mann namens Rockefeller.

## DIE MÖRDERIN

Inzwischen
lebte kein Angehöriger des Mannes mehr.
Seine Frau und seine Tochter
hatten ihr keinen Vorwurf gemacht.
Aber ein Treffen wünschten sie nicht.
Rosa meinte,
man will eine Mörderin nicht kennenlernen,
auch dann nicht,
wenn man fast selbst gemordet hätte.

## ZU GUTER LETZT

Das Haus war abgebrochen worden,
Balken für Balken,
Stein für Stein,
weil man das Geld suchte.
Dann waren die Steine und die Balken
aufgeteilt worden und verschwunden.

## DIE BRÜDER

Sie hatten es eilig.
Denn es wurde schon an die Tür gepumpert.
Das waren die Gendarmen.
Also sprangen sie hinten zum Fenster hinaus
und waren weg.
Das war den Gendarmen recht,
denn sie taten nicht gern,
was sie tun sollten.

## HINTER DEM HORIZONT

Wir rotteten uns zusammen und suchten sie.
Die meisten vermuteten,
sie würden sich noch in der Umgebung aufhalten.
Was denn sonst.
Sie kannten die Welt ja nicht.
Sie waren ja nie in einer Schule gewesen.
Sie konnten nicht lesen und nicht schreiben.
Was hinter dem Horizont ist,
konnten sie nicht wissen.

## INTERESSANT

Wenn sie über Nacht blieb,
quartierte sie sich beim Pfarrer ein.
Wir waren uns sicher,
dass es die beiden miteinander trieben.
Sich einen Pfarrer beim Vögeln vorzustellen,
war interessant.
Und wie das sein musste für sie,
wenn sie auf den Haken schaute,
an dem die Soutane hing.
Was für ein Gefühl.

## DER NARR

Sein Essen
musste man ihm zerstampfen.
Weil er keine Zähne mehr hatte.
Wörter im Kopf
hatte er nur noch ein knappes Dutzend.
Es war ihm nicht klarzumachen,
dass seine Frau im Gefängnis war.
Immer wieder rief er nach ihr.
Und weinte und spuckte.

## DIE FRAGEZEICHEN

Die Brüder waren erst dreizehn.
Wer sie vor sich stehen sah,
hätte sie auf achtzehn geschätzt.
Sie hatten noch keinen Bart,
aber ihre Muskeln an Armen, Beinen und Schultern
waren die Muskeln eines Mannes.
Ihre Fäuste waren die Fäuste eines Mannes.
Ihre Stimmen waren heiser.
Fragezeichen kannten sie nicht.

## DER GRABHÜGEL

Nachdem er den Grabhügel seiner Frau
mit seinen Händen geplättet hatte,
ging er zu Fuß in die Landeshauptstadt,
das war ein halber Tagesmarsch,
und setzte sich auf die Stufen vor dem Polizeigebäude,
in der Nacht legte er sich dort nieder.
Er wurde in den Kotter gesperrt.
Von einer Geldstrafe sah man ab.

## GLEICHES MIT GLEICHEM

Sie schlug die Hebamme mit einem Holzscheit nieder,
setzte sich neben sie ins Gras.
Sie zog ihre Schürze aus
und drückte sie gegen den Hinterkopf der Frau,
weil dort viel Blut war.
Sie wartete, bis die Hebamme zu sich kam.
Später vor den Gendarmen sagte sie aus,
sie habe nicht Gleiches mit Gleichem vergelten wollen,
denn dann hätte sie
die Hebamme umbringen müssen,
schließlich habe ebendie
ihre Schwester und ihren Neffen umgebracht.

## DER PFAFFE

Er war auch ein Betrüger und ein Dieb
und ein Hurenbock.
Er ließ bei seinen Hausbesuchen
Dinge mitgehen.
Jeden Tag stand er in jemandes Tür,
immer zu den Essenszeiten,
reihum,
als wäre auch dies ein Dienst an seinem Gott,
an den er, wie er nachts im Gasthaus prahlte,
gar nicht glaube,
so verwegen sei er.
Die Schnäpse ließ er sich zahlen,
es könnten ihm sonst
in Gesellschaft
die Sünden herausrutschen,
die ihm gebeichtet worden waren.

## WEISSES

Ihr Gesicht wurde weiß,
auch die Lippen wurden weiß.
Das hatte ich noch nicht gesehen,
dass Lippen
sogar heller sein können
als die Haut rundherum.

## GEWOHNHEIT

Keine Straße war gepflastert,
es gab keine Straße,
nur Wege gab es,
die waren nicht offiziell,
sondern aus Gewohnheit
ins Feld getreten.

## NIEMANDES KIND

Die Zweite
wird in ein Waisenhaus in der Stadt gesteckt,
aus dem sie nach einem Jahr
in die Welt hinaus entlassen wird,
nachdem sie von einem Onkel
in der Schweiz berichtet hat,
der sie in seine Familie aufnehme.
Das wird niemand glauben,
aber auch niemand nachprüfen.
Es wird eingetragen als ein Vermerk,
gerade eine halbe Zeile lang.

## DAS HAUS AM SEE

Er war ein Gütiger.
Das Haus hatte er geerbt,
ein kleines auf Pfählen
mit einer Veranda nach Norden
und ums Eck nach Westen,
direkt am See.
Auch das Boot hatte er geerbt,
das war an Land und verrottet.
Er arbeitete überall, wo immer er gebraucht wurde,
er war geschickt in allem,
erklären musste man ihm nichts,
er hätte die Erklärung nicht verstanden.

## DAS GESCHÄFT

Noch bevor die Hände geschüttelt worden waren,
hatten die Männer klargemacht,
in ihrem Geschäft
sei es üblich, im Voraus zu bezahlen,
plus Spesen, und das ohne Garantie,
dass die Sache zufriedenstellend
erledigt wird.
Die Brüder hatten
ihr ganzes Geld hergegeben.
Hatten
verkauft, was es zu verkaufen gab.
Viel war es nicht.
Dann hatten sie zusammen, was verlangt wurde
Für die böse gute Sache.

## DIE BEGUTACHTUNG

Am Boden des VW-Busses
vor der hinteren Sitzbank
lagen die Waffen,
eingewickelt in Decken.
Die Brüder sollten sie begutachten.
Das wollten sie nicht.
Sie waren nur mitgefahren,
um mit dem Finger zu zeigen,
worauf es mit dem Finger zu zeigen gäbe.

## DER PLOT

Nach dem Selbstmord der Brüder
waren unsere Zeitungen voll davon.
Lügen und Wichtigtuereien waren dabei,
Halbwahrheiten und Beschuldigungen.
Und Entschuldigungen.
Eine Woche lang herrschte Zufriedenheit.
Unsere Gegend,
in der nie etwas geschah,
was einer Aufzeichnung wert war,
hatte nun einen eigenen Plot.

## DIE LÜGE

Er schaute zur Seite,
wenn er mit jemandem redete,
weil in jedem zweiten seiner Sätze eine Lüge war.
Wenn er zur Seite schaute, meinte er,
sei die Lüge vielleicht nur halb so frech.
An Gott glaubte er nicht,
aber an den Teufel,
und der Teufel mag die Lüge gern
in einem Pack mit der Frechheit.
Es schien ratsam,
vom Teufel nicht allzu gern gemocht zu werden.

## DIE RATTEN

Gefängnis sei so gut
wie Todesstrafe.
Zwei Jahre Kerker
würde eine Frau nicht überleben.
Allein schon wegen der Ratten,
die dort giftiger seien
als anderswo.
Warum das so sei, wisse man,
ehrlich gesagt,
nicht.

## IN KLAREN SÄTZEN

Mit mir redeten sie.
Nicht viel.
Aber in klaren, bis ans Ende wohlgebauten Sätzen.
Mit Stimmen wie ein Strich.

Das war,
sechs Jahre
nachdem sie von zu Hause
abgehauen waren.

Ich möchte mich vorstellen
und sollte die Wahrheit sagen,
will auch keinen falschen Namen nennen.
Entweder keine Namen oder die richtigen.
Es wird so viel gelogen heutzutage.

# INHALT

III.

LANDKARTE EINES
VERBRECHENS